I0141325

Paroles De Collégiens 2

© 2016 PROJET ARTOKARPUS
www.totejacquier.fr
ISBN: 978-2-9537240-5-9

Claude J. JACQUIER

Au revoir, M'sieur! Bonne fin du monde!

Paroles De Collégiens 2

PROJET ARTOKARPUS

Au revoir, M'sieur! Bonne fin du monde!

Voilà ce que j'écrivais en 2008 lorsque j'ai commencé à éditer le journal en fiches sur mon site. Ces paroles restent vraies, mais en partie seulement.

«Sauf à de rares exceptions, essentiellement des commentaires, les phrases, dialogues et autres réflexions contenus dans les fiches ne sont pas de l›auteur. Ce sont des propos entendus et rapportés (overheard comme disent les anglais) qui n'engagent que ceux qui les ont prononcés. Et même quand ils sont de l'auteur, cela ne signifie rien car souvent ce dernier est dans un état second dû à la surcharge de travail, autant dire qu'ils émanent d'une autre personne. La réalisation d'une fiche doit être rapide, donc la réflexion qui la suscite ne peut être que spontanée et peu élaborée. Souvent il n'y a aucune intention particulière. Le premier trait posé en entraîne un autre, puis un autre, jusqu'à ce que la fiche se remplisse, peu à peu une idée se dégage et prend corps par auto engendrement. C'est tout.»

En fait, au départ il n'y avait pas que les choses entendues. L'idée était plutôt de me ménager, dans la périphérie des heures de cours des petits moments de détente graphique. De petites annotations spontanées sans idée préalable. Cependant le cours d'arts plastiques a ceci de particulier que la parole y est beaucoup plus libre que dans les autres disciplines. C'est là ce qui fait toute sa grandeur. Le crayon et le pinceau sont pour le jeune humain comme des véhicules merveilleux qui lui donnent, l'espace d'une petite heure, la sensation de naviguer librement bien au-dessus des espaces confinés du collège. L'accroissement d'air qui en découle déclenche immanquablement chez lui, le réflexe de babillage. C'est, pour le pédagogue avisé, la plus roborative des nourritures intellectuelles.

Ces adolescents qu'on estime être simplement inachevés se révèlent plus complexes et plus sinueux qu'on se les représente. D'ailleurs, l'être scolaire n'est ni un enfant, ni un adulte, c'est une entité particulière et multiple, qui n'existe que dans l'enceinte consacrée de l'école.dans cette enceinte, il semble beaucoup plus imposant qu'il ne l'est à l'extérieur et il dispose de pouvoirs inconnus de ses parents. D'un seul, il peut devenir plusieurs car il outrepasse les barrières de l'individu et de la personnalité pour se tr ansmuer, dans le groupe, en un organisme omnipotent. Cet être aux si étranges facultés se nomme « élève ». Banale et moutonnière en apparence, la parole qu'il dispense peut se révéler originale et singulière pour qui sait l'entendre. Comme les pâtes alphabets flottant sur le potage elle est promesse de jeux et de mots. Peu importe si les mots que cette parole compose se dispersent aussi vite qu'ils se sont formés. Leur trace sensible est suffisante pour révéler clairement la machinerie interne, le système digestif de notre monde, de notre société, présente et à venir.

Une dernière précision. Par « paroles » j'entends, non seulement leurs mots et propos saisis au vol, mais aussi leurs écrits, leurs attitudes et postures, leurs apparences (coiffures, vêtements) et leurs dessins dont parfois je me suis inspiré. Enfin, tout ce qui fait qu'un élève s'exprime en tant qu'élève.

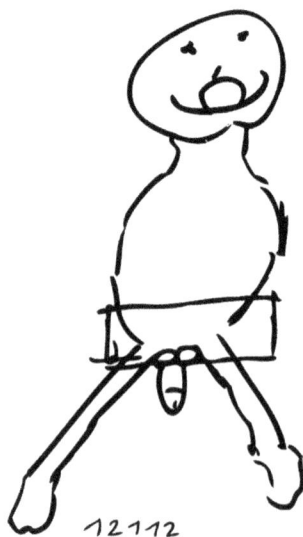

Les trois tomes de « Paroles de Collégiens » sont composés d'un choix, parmi quelques milliers, de 861 fiches. J'ai supprimé toutes celles réalisées « sans intention particulière », celles concernant mes états d'âmes, celles exposant mes colères et ulcérations sur l'état lamentable de notre société « réformopathe » ou encore celles se moquant de la propagande médiatique éhontée faisant passer cet état lamentable et ces « contre-réformes » pour un passage nécessaire et douloureux vers le monde idyllique et prometteur du marché libre et sans entrave. Je les réserve pour d'autres ouvrages.

J'ai aussi indiqué plus haut qu'il y avait une petite différence avec les fiches présentées sur le site. En effet, pour l'édition papier, il a été nécessaire d'en reprendre un certain nombre, ce qui a contrevenu à l'une des règles que je m'étais imposée de ne pas interférer, par la retouche, avec la spontanéité du dessin. Mais, étant donné la facilité avec laquelle je détourne les règles et surtout celles que j'ai cru bon d'inventer, je pense que ce souci de finition ne nuira pas, bien au contraire, à la bonne compréhension du message écolier.

Avertissement :

Certains propos tenus par les collégiens peuvent être très durs. Je ne me suis pas posé une seule seconde la question de savoir si je devais ou pas les faire figurer dans cet ouvrage. C'eût été la dernière des lâchetés que de les censurer. On ne peut être juge et témoin.

Rentrée 2011-2012

TU ES ENCORE LÀ CETTE ANNÉE ?
ILS N'ONT VOULU DE MOI NULLE PART
12911

CE SONT QUI CES VALÉRIE ?
BEN, C'EST LES MÈRES QU'ON APPELLE COMME ÇA. UNE VALÉRIE C'EST UNE MÈRE
2
1991-1

29

Monsieur j'ai le genou qui pisse le sang !

26911

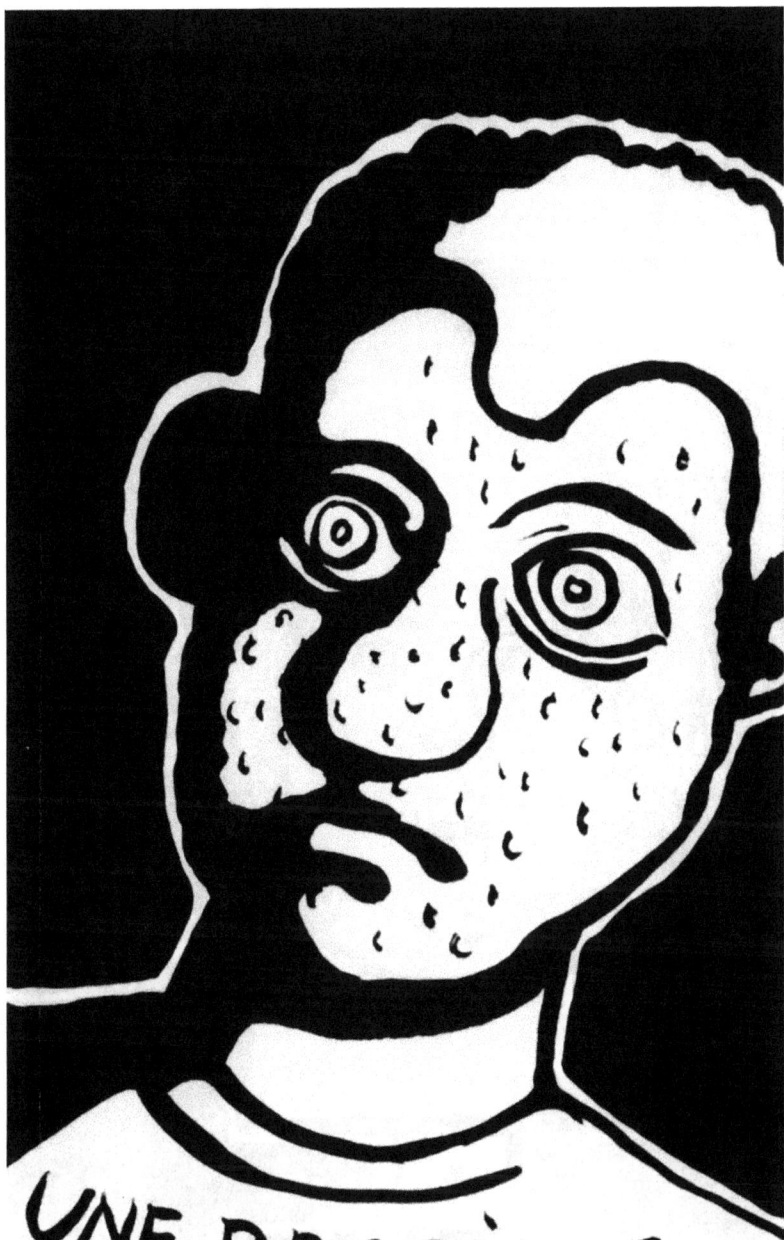

UNE RACAILLE

26911

26911

CE PROF EST FRIGO-RIGIDE.

28911

ILS VONT ME FAIRE UNTROU DANS LA MAIN, Y METTRE UN BOUT DE FERRAILLE. TOUT ÇA POUR ME REDRESSER LE DOIGT.

AAAAAH! C'EST DÉGOUTANT! BEERK!

31011

41011

37

101011

M'SIEUR METTEZ LE DRAPEAU DE LA TURQUIE !
NON ! CELUI CELUI DU PORTUGAL
L'ALGÉRIE !
CELUI DU MAROC !
L'ESPAGNE !
101011
SÉANCE VIDEO PROJECTEUR

L'ART DU PLÂTRE

171011

181011

46

47

M'SIEUR, J'AI MAL À L'ŒIL...

ET BIEN, VA À L'INFIRMERIE

J'Y SUIS ALLÉE ET L'INFIRMIÈRE A VOULU ME METTRE UN PRODUIT DANS L'ŒIL... MAIS À CAUSE DU MAQUILLAGE J'AI DIT NON... ÇA VA BIEN OH!

AH!

20.10.11

201011

49

201011

JE SUIS BIEN REVENU AU TRAVAIL

ALORS LE TOURISTE ON A PASSÉ DE BONNES VACANCES ?

21111

QUAND TU AS TROP
D'IDEES, TA TÊTE
EXPLOSE...

POUR ÉVITER ÇA, LE SEUL
MOYEN C'EST DE DESSINER.
TES IDÉES PASSENT SUR
LE PAPIER ET TA TÊTE SE
VIDE... C'EST COMME ÇA.

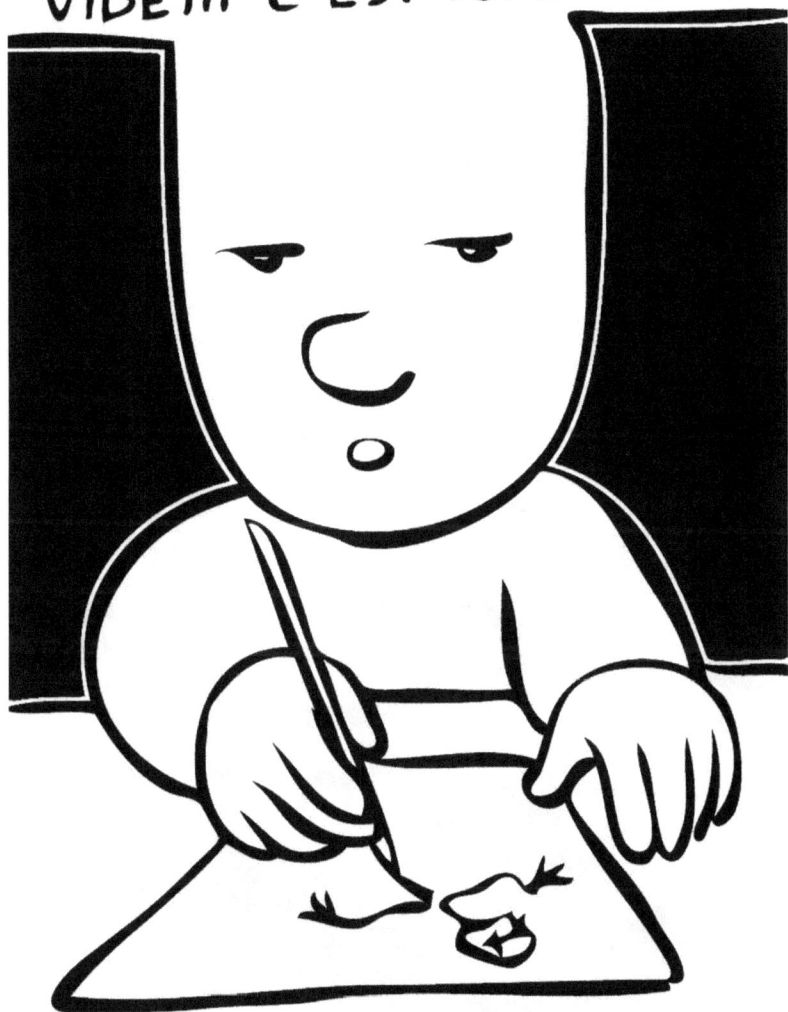

27111

ÇA SERT À RIEN D'ALLER METTRE DES FLEURS SUR DES TOMBES, PARCE QUE T'USES DES SOUS POUR DES GENS QUI SONT MORTS !

J'AI UN LOUP ET UN ROTTWEILER.
ILS SE SONT BATTUS - LE LOUP
AVAIT MORDU LE ROTTWEILER À
LA TÊTE ALORS LE ROTTWEILER
A PRIS LE LOUP À LA
GORGE LES
YEUX DU LOUP
SORTAIENT DE SA TÊTE

C'EST UN VRAI
LOUP. ON L'A
AMENÉ
CHEZ LE
VÉTO POUR
QU'IL LUI
RÉPARE
LA TRACHÉE

31111

58

MA MÈRE... PAR EXEMPLE...
QUAND ELLE PARLE, ELLE
MÉLANGE... PAR EXEMPLE...
LES "CH" ET LES "S"...
PAR EXEMPLE. AU LIEU
DE DIRE CHANSON ELLE
DIT "SANCHON"... J'TE JURE.

QUANT À MA
SŒUR ELLE,
ELLE EST
DALTONIÈNNE

14 1111

281111

·CHIENS·

JE SUPPORTE PAS QU'UN CHIEN ME REGARDE! DÈS QUE Y'EN A UN QUI ME REGARDE, JE LUI FOUS UN COUP DE LATTE.

SON CHIEN, C'EST KADI QUI NE FAIT JAMAIS RIEN, TOUJOURS SUR LE CANAPÉ, C'EST KADI LE PETIT CHIEN PÉDÉ!!

MOI, JE CONNAIS UN CHIEN RACAILLE

MOI, MON CHIEN ON LE SURNOMME CLODO C'EST PARCE QU'UN JOUR IL A PISSÉ SUR UN CLOCHARD QUI DORMAIT DANS LA RUE...

2811M

C'EST UN MEC, ON LE VOIT TOUS LES JOURS À L'ARRÊT DE BUS. IL NOUS FAIT CHIER À NOUS RACONTER SA VIE. IL A 42 ANS, AU CHÔMAGE, DIVORCÉ ET IL VIT CHEZ SA MÈRE. NOUS, ON S'EN FOUT MAIS ON N'OSE PAS L'ARRÊTER...

281111

GÉNÉRALEMENT QUAND LA
TÉLÉVISION VIENT À L'ÉCOLE
ILS FONT DES GROS PLANS
SUR TOI QUAND TU PENSES

mèche plaquée + crête

51211

141211

C'EST UN SOUVENIR QUI M'EST REVENU...

EXPLICATION

RRR

COUR D'ÉCOLE SURÉLEVÉE

RUE

FILM PORNO

DANS MON QUARTIER,
Y'AVAIT UNE VIEILLE,
ELLE SORTAIT AVEC LE
DOUZE ET ELLE TIRAIT
SUR TOUT CE QUI BOUGEAIT.
Y'A PLUS D'UN CHAT
QUI Y'EST PASSÉ !!

MOI JE PREFÈRE COURIR PLUTÔT QUE DE MARCHER VITE. MARCHER VITE ÇA FAIT PÉDÉ...

SOLEIL RASANT DU MATIN***↗↗↗↗

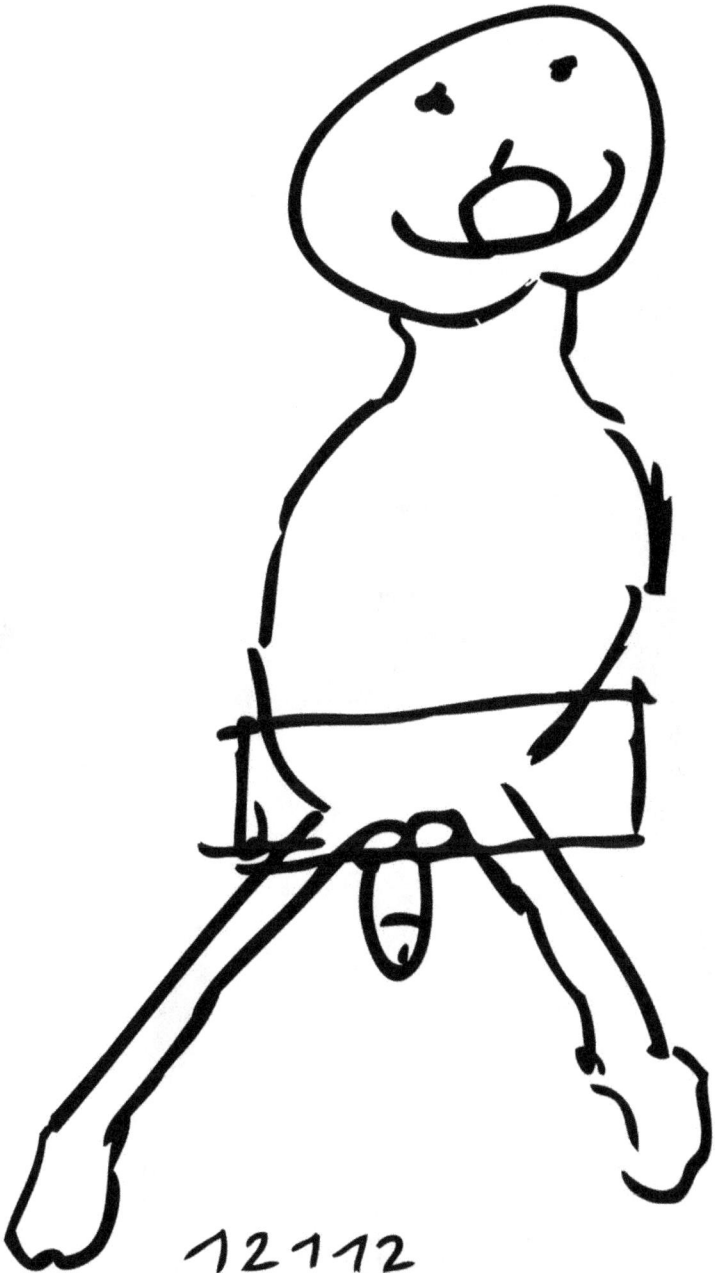

12112

16112

16112

91

TU PEUX RANGER TON
MATOS - S'IL TE PLAÎT...

26112

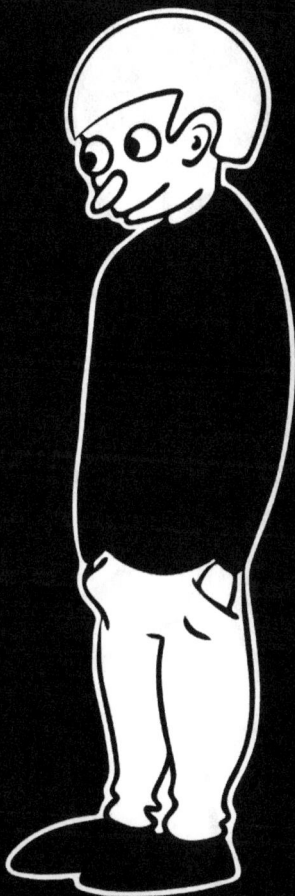

6212

99

HUMOUR 6eme

6212

PAF! BAPTISÉ!!

QUAND Y'EN A UN QUI S'EST FAIT COUPER LES CHEVEUX ON LUI FOUT UNE BAFFE DERRIÈRE LA TÊTE ET ON DIT: « BAPTISÉ! »

6212

MOI, Y M'ONT, BAPTISÉ AU MOINS 50 FOIS...

M'SIEUR ... CETTE ANNÉE J'AI EU LE PIRE DES CADEAUX D'ANNIVERSAIRE... ... DES LUNETTES

5312

105

143412

263-12

ILS SENTENT QUE JE SUIS EN ÉTAT DE FAIBLESSE

LUNDI + CHANGEMENT D'HEURE + GRIPPE

EXTRAIT DU RAPPORT EN VUE DU CONSEIL DE DISCIPLINE DE L'ÉLÈVE G.

« IMMATURE, IMBUS DE SA SUPÉRIORITÉ, SON QUOTIDIEN SE RÉSUME À PERTURBER LE FONCTIONNEMENT DU COLLÈGE : NON RESPECT DES RÈGLES DE VIE ET DES CONSIGNES (CRACHATS, ROTS, PETS, VOLS ...) PROPOS DÉPLACÉS, FAMILIARITÉ, VULGARITÉ, ET OBSCÉNITÉS EN TOUT GENRE. »

HÉ! HÉ!
BITE!
CUL!
FOUFOUNE!
HÉ! HÉ!

PROUT!

27312

ON FAIT DES CALCULS D'AFFINITÉS.
ON PREND LES NOMS ET PRÉNOMS
D'UN GARÇON ET D'UNE FILLE,
ON CALCULE LES LETTRES ET
ON ANALYSE LE RÉSULTAT POUR
VOIR S'ILS VONT
ENSEMBLE.

ET ÇA
MARCHE!

23412

INNOCENCE INÉGALE

C'EST UN PÈRE RADIN - SA
FILLE VEUT ALLER AU THÉÂTRE,
IL LUI DIT: D'ACCORD SI TU ME SUCES,
ELLE LE FAIT ET ELLE DIT: MAIS Y'A DE
LA MERDE SUR TA BITE.
ET LE PÈRE RÉPOND: C'EST TON FRÈRE
QUI VOULAIT ALLER AU CINÉMA…

HA!HA!HA!HA! ÇA VEUT DIRE QUE
LE PÈRE PRENAIT SON FILS POUR
DE LA MERDE?

HA!HA! T'AS RIEN COMPRIS.
PAUVRE IGNORANT!

23412

119

29512

30572

Et j'ai largué mon mec pour un mec plus viril... je suis passée de Thibault à Karl... Ah non! entretemps il y a eu Amid.

Donc, si je comprends bien, Amid est plus viril que Thibault mais moins que Karl..

11612

Rentrée 2012-2013

10912

132

POURQUOI N'AS-TU PAS AMENÉ LES 5€ POUR L'ASSOCIATION?

PARCE QUE MA FAMILLE D'ACCUEIL A OUBLIÉ DE ME LES DONNER.

ALORS, TA MAMAN?

ELLE EST EN PRISON

EUH! ET TON PAPA?

IL EST MORT.

HUM! HUM!

C'EST MA MAMAN QUI L'A TUÉ

BON, HEU! HUM! BON ÇA VA RETOURNE À TA PLACE.

11012

OH! MAIS C'EST PAS MOI!
ARRÊTEZ DE M'ACCUSER OH!

MAIS! ARRÊTE DE RIGOLER!
HI! HI! HI HI!
J'PEUX PAS C'EST PLUS FORT QUE MOI!
HI! HI! HI!
HI! HI! HI!
HI! HI! HI! HI!
241012

MON PC EST EN PANNE. ALORS MA GRAND-MÈRE M'A PRÊTÉ LE SIEN. C'EST UNE VRAIE RAVE, "PAS MA GRAND-MÈRE." LE PC. REMARQUE ELLE SAIT PAS S'EN SERVIR. ELLE ARRIVE MÊME PAS A L'ALLUMER

M'SIEUR! POUR LA B.D., ON PEUT FAIRE UN HÉROS QUI MEURT À LA FIN ?

151172

M'SIEUR! POUR LA B.D, JE PEUX RACONTER L'HISTOIRE DE D.S, K ET DE LA FILLE DE MÉNAGE?

151112

M'SIEUR, POUR L'EXERCICE SUR LA MÉTAMORPHOSE, JE PEUX FAIRE UN TRANSÉXUEL?

ALORS, C'EST DANS UNE FAMILLE OÙ Y'A UNE MALÉDICTION POUR LES FILLES... LEUR PREMIER MARI C'EST JAMAIS LE BON.

211112

211112

T'AS PAS LE DROIT DE M'APPELER POUSSINOU! Y'A QU'UNE PERSONNE QU'A LE DROIT DE M'APPELER POUSSINOU!

261112

281112

154

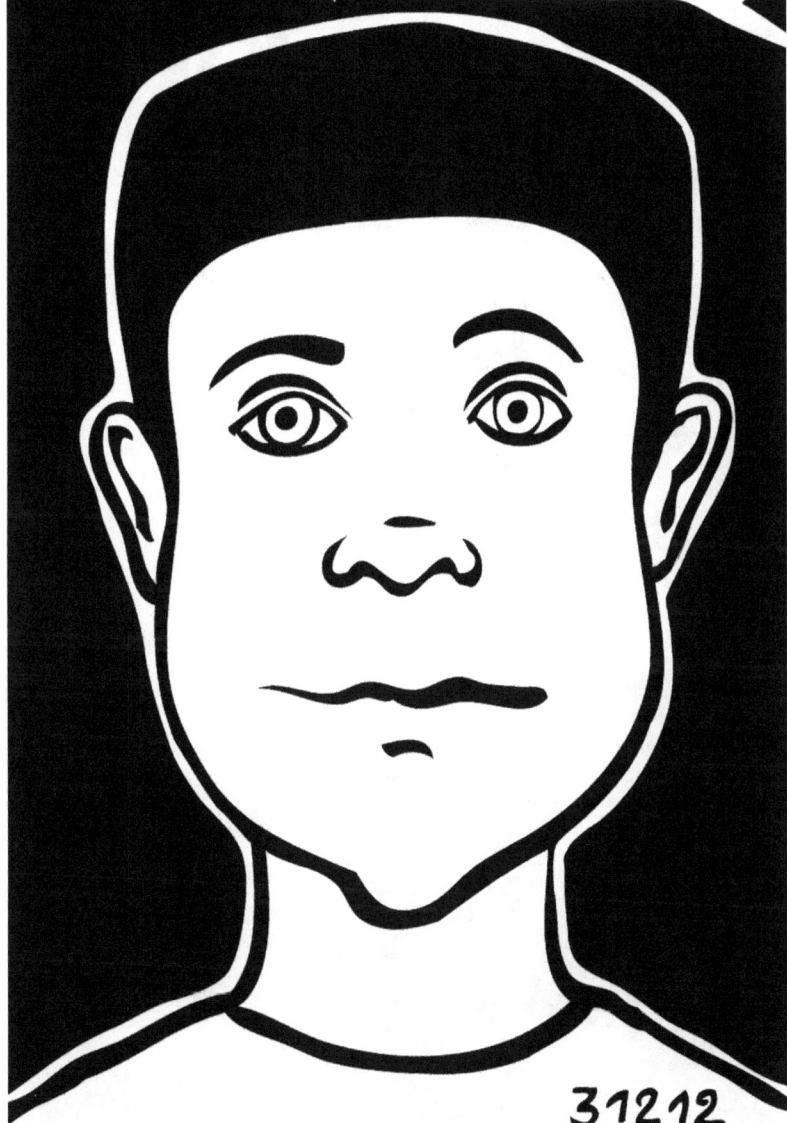

155

101212

101212

SI TU PERDS TON STYLO
TU PEUX PAS FAIRE TON CONTRÔLE
SI TU FAIS PAS TON CONTRÔLE
T'AS UN ZÉRO
SI T'AS UN ZÉRO TU PEUX PAS
 PASSER TON BAC
SI TU PASSES PAS TON BAC
TU PEUX PAS FAIRE D'ÉTUDES
 SI TU FAIS PAS D'ÉTUDES
TU TROUVES PAS DE BOULOT
SI T'AS PAS DE BOULOT
 T'ES AU CHÔMAGE
SI T'ES AU CHÔMAGE, T'ES DÉPRESSIF
 SI T'ES DÉPRESSIF, TU TE SUICIDES
SI TU TE SUICIDES, T'ES MORT .

DONC, NE
PERDS
PAS TON
STYLO!!!

101212

162

ON SERA DE MARIAGE EN JUILLET, ALORS MA MÈRE A CALCULÉ LA LONGUEUR QUE MES CHEVEUX AURONT...

ET ALORS ?

À PEU PRÈS LÀ.

171212

191212

PAROLES RETROUVÉES DE L'ANNÉE 2003

MA MÈRE, ELLE M'A FAIT UN BARÈME... QUAND J'AI 15 ELLE ME FILE 1€, 16, 1,50€, 14, 0,50€ etc...

4e

C'EST ÇA L'AVANTAGE DE PAS APPRENDRE TES LEÇONS, TU RAISONNES PLUS...

5e

7113

AVANT, LES RICHES
ILS AVAIENT DES
ÉCURIES, MAINTENANT
ILS ONT DES
PORSCHERIES ...

9113

174

14113

10113

J'COMPRENDS PAS COMMENT ON PEUT FAIRE VOTRE MÉTIER...

185

14213

187

190

28313

4413

5 4 13

197

6513

204

13513

17513

Rentrée 2013-2014

JE M'APPELLE PATRICK

16913

225

MOI, MA TANTE,
ELLE EST LESBIENNE.

271113

229

TOUS LES BEAUX GOSSES
ILS SONT . SOIT GAY, SOIT
PLUS JEUNES OU PLUS VIEUX
OU ILS HABITENT PAS EN
VILLE
...

Que fais tu?

J'essaye de dormir.

Pourquoi?

Je n'ai pas d'idée pour mon dessin, et on dit que la nuit porte conseil.

23114

PETIT CHAPERON NOIR

130 cm

6214

Enfant déficient cognitif.

MON PÈRE EST GENDARME, OUI.
ET SOUVENT J'AIDE
MON PÈRE. OUI

JE METS LES
MENOTTES. OUI!
LES MAINS DANS
LE DOS, OUI.

ET JE LE
TIENS

QUAND MON
PÈRE LE
TAPE AVEC
SA MATRAQUE. OUI
IL PARLE TOUJOURS.
AU FAIT, TU AIMES LES MARS?
7214

M'SIEUR, QU'EST CE QUE TU FAIS, APRÈS LA 3ème

212214

Bon, qui est d'accord pour déplacer le cours de svt?

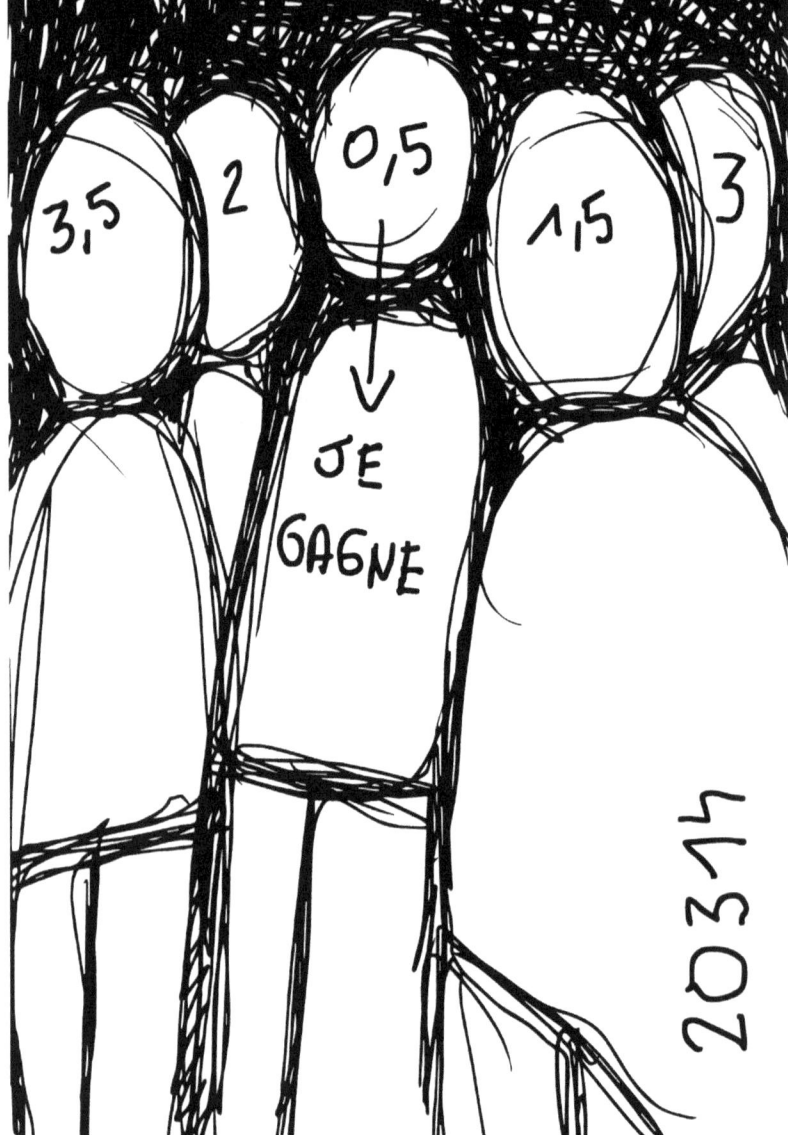

VOUS ME DEMANDEZ LA
RAISON DE MES
TROIS ABSENCES
ET BIEN...
IL Y A
PLUSIEURS
RAISONS.
D'ABORD UN
RATAGE
DE RÉVEIL...
ENSUITE...
HEU... UN

RAT AGE DE

RÉVEIL ...

ET POUR LA
TROISIÈME
HEU...

UN RATAGE DE
RÉVEIL.. HUM.

Rentrée 2014-2015

JE SUIS

MARIÉE AVEC UN GARS IMAGINAIRE

ET

IL EST GAY

15914

Dans la vie
on fait tous
des conneries...

1991½

MONSIEUR, EST CE QUE
S'IL N'Y A PAS DE
COULEUR
ÇA POSE
UN
PROBLÈME?
CAR J'AI
UN GROS
PROBLÈME
AVEC
LA
COULEUR

25914

251

26914

M'SIEUR EST-CE QUE VOUS POUVEZ M'IMPRIMER UNE PHOTO DE RORY COCOTTE ?

M'SIEUR J'PEUX
METTRE UNE GROSSE
TÊTE   LÀ..

161014

161014

259

SANS VOULOIR VOUS OFFENSER JE PRÉFÈRE CELUI QUE J'AI DESSINÉ PLUTÔT QUE LE VOTRE

AU PIRE JE LUI ENVOIE
MON PIED DANS LA
GUEULE

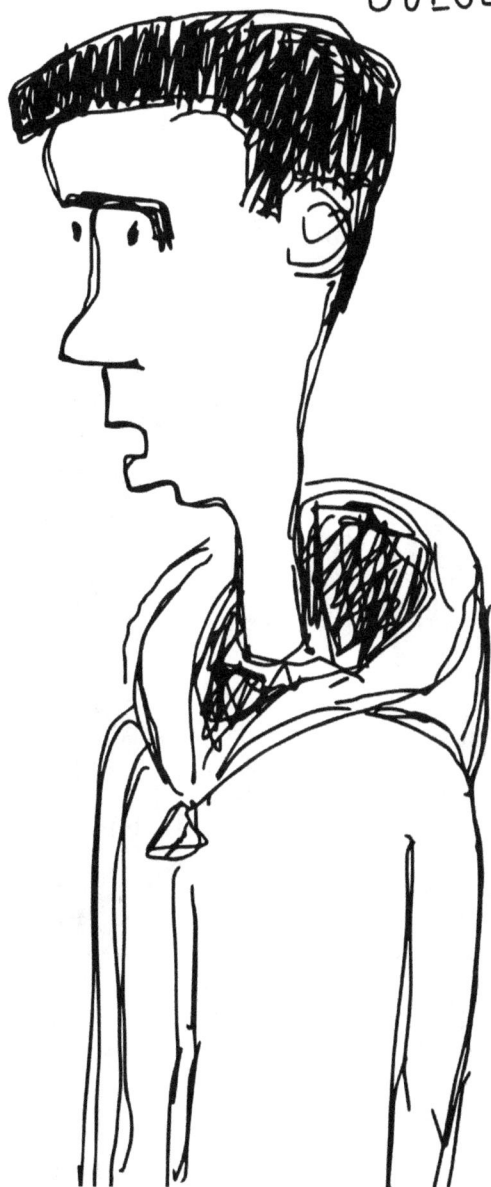

81214

APPAREMMENT LE TYPE
VEUT SORTIR AVEC MOI.
LE PROBLÈME C'EST
QU'IL SEMBLE QU'IL
SOIT DÉJÀ SORTI
AVEC 40 MEUFS...

8.12.14

101214

C'EST PAS MOI!

QUELLE LIBERTÉ D'EXPRESSION. - Y'EN A PAS DE LIBERTÉ, D'EXPRESSION. JE M'EN FOUS DE CHARLIE

M'SIEUR VOUS ENTENDEZ CE QU'IL DIT...

8115

TOUJOURS MOI

8115

ARRÊTE DE M'ÉBLOUIR AVEC CE MIROIR !!

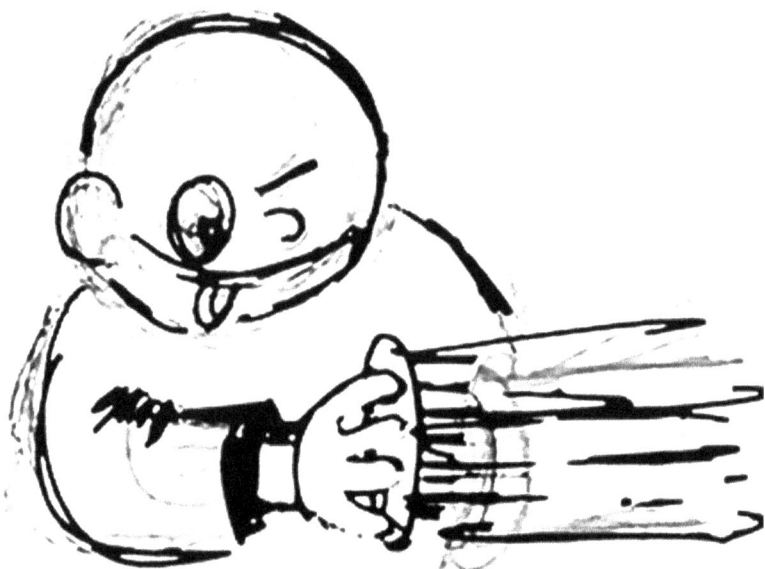

T'AS VU A LA TÉLÉ

'6115

LE MEC IL DEMANDE À UN AUTRE : « TU T'ÉS LAVÉ LES DENTS ? »
L'AUTRE : « BIEN SÛR QUE OUI »
LE MEC : « MAIS PAS AVEC COLGATE HA!HA!HA! »

271

M'SIEUR ! ILS PASSENT LEUR TEMPS À ME DESSINER AVEC UN TRUC DANS LA BOUCHE... POUR TOUT DIRE ... C'EST UN SEXE MASCULIN.

21|15

M'SIEUR! SI JE MEURS LÀ... C'EST VOUS QUI ÊTES RESPONSABLE?

3315

Fabrique des objets sans
aucun lien avec le cours,
colle du pop-corn
dans le dos de l'enseignante,
manque de respect,
propos grossiers et refus
d'effectuer une punition
suite à ces manquements.
Théo n'a plus sa place d'élève et
doit la retrouver de toute urgence.

8415

10415

TU VAS
NETTOYER
MES
LUNETTES
AVEC
TA
LANGUE

29415

JE SUIS PAS BLONDE
je suis Châtain
clair..

30315

Bonus

Quelle est la loi?

Je m'excuse d'avoir été dans le coulloir
Pendant midi et deux : je n'ai pas le droit
d'aller aux toilettes d'aller dans les couloirs
de crier le nom du pion, pas le
droit de descendre.

Je doit rester dans la cour.

Telle est la loi.

www.totejacquier.fr
ISBN: 978-2-9537240-5-9

© Copyright Claude J. Jacquier 2016 All Rights reserved

dépôt légal: mars 2016

Printed by CreateSpace

www.ingramcontent.com/pod-product-compliance
Lightning Source LLC
Chambersburg PA
CBHW051943090426

42741CB00008B/1253